Erika Bock

Laubsäge-Ideen
zur Weihnachtszeit

CREATIV COMPACT

CHRISTOPHORUS

Inhalt

Country-Style im Trend

Weihnachtsmotive aus Holz im originellen Country-Style spiegeln die rustikal ländliche, amerikanische Lebensweise wider, die Harmonie und Zufriedenheit ausstrahlt. Ob Fensterdekorationen, Tischschmuck oder Willkommensgrüße an der Tür, die Motive lassen sich beliebig kombinieren. In der festlich geschmückten Wohnung kommen sie sehr gut zur Geltung. Aber auch als ein ganz besonderes Geschenk sind sie gern gesehen.

Mit Sperrholz, einer Laubsäge und den passenden Farben kann es gleich losgehen. Die Motive werden aus Holz ausgesägt, bemalt und teilweise mit Draht versehen – fertig ist die Weihnachtsdekoration! Die einfache Herstellung macht schnell Lust auf mehr, und sogar Ihre Kinder können beim Schmirgeln und Bemalen schon kräftig mithelfen.

Viel Spaß beim Ausarbeiten der Motive
wünscht Ihnen

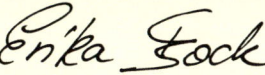

Hinweise & Tipps

Das Holz

Sperrholz (4, 6, 8 und 10 mm stark), Leimholz und Massivholz.

Vorlagen übertragen

Das Motiv vom Vorlagebogen auf *Transparentpapier* pausen und auf dem Holz platzieren. *Kohlepapier* dazwischen legen und alle Linien mit *Bleistift* nachzeichnen.

Aussägen

Für kleinere Motive eine *Laubsäge*, für größere Motive eine *Dekupiersäge* verwenden. Sehr große Motive am besten mit der *Stichsäge* aussägen.

Schmirgeln

Alle Kanten mit *Schmirgelpapier* abrunden und glätten. Erst mit grobkörnigem Sandpapier arbeiten, dann mit feinerem.

Bohren

Alle Bohrungen sind auf dem Vorlagebogen eingezeichnet. Punkte markieren Bohrungen, die von der Fläche durch das Material hindurchgehen. Mit einem Pfeil gekennzeichnete Bohrungen führen seitlich ins Holz. Bohrlöcher mit dem *Vorstecher* markieren, damit der *Holzbohrer der Bohrmaschine* nicht abgleitet. Beim Durchbohren einen Holzrest unterlegen, um das Ausfransen auf der Rückseite zu vermeiden.

Leimen und dübeln

Werden die Holzteile flächig aufeinander geklebt, den *Holzleim* dünn auf eine Seite auftragen, die Teile aufeinander pressen und mit *Schraubzwingen* fixieren. Pappe zwischen Motiv und Schraubzwinge legen. Wird ein Holzteil mit der Kante auf die Fläche des anderen Holzteils gesetzt, beide mit Dübeln oder Nägeln und Leim verbinden.

Für die Verleimung von unbehandelten Holzteilen eignet sich z. B. UHU Holz expressleim, für die Verleimung lackierter Holzteile ein *Spezialleim*, z. B. UHU Holz lackleim spezial.

Bemalen

Unverdünnte *Acrylfarben* ergeben einen deckenden Anstrich, mit Wasser verdünnt werden sie lasierend. Für größere Flächen *Flachpinsel*, für Linien feine *Haarpinsel* verwenden.

Gesichter ausgestalten

Zur Probe Gesichter auf Papier zeichnen, dann erst mit Bleistift auf die Figur. Nase und Mund mit einem Pinsel aufmalen. Augen mit dem stumpfen Ende eines *Schaschlikstabes* oder mit dem Pinselstiel auftupfen.

Weitere Werkzeuge & Hilfsmittel

Schere, Lineal, Seitenschneider, spitze Zange, Nägel, Hammer, Schraubstock.

Stern

1 Den Stern vom Vorlagebogen auf Holz übertragen und aussägen.

2 Einen Kreis in Größe des gewählten Glases in die Sternmitte zeichnen. Ein Loch in den Kreis bohren, das Sägeblatt hindurchführen und die Form aussägen.

3 Den Stern mit Gold grundieren. Krakelierlack auftragen, trocknen lassen und mit Elfenbein oder Krapplack übermalen.

4 Das Glas im Stern platzieren. Mit der Lärchengirlande und den anderen Accessoires verzieren.

Engel

1 Die Motivteile vom Vorlagebogen auf Holz übertragen und aussägen.

2 Die Holzkugel in Beige grundieren und das Gesicht aufmalen. Körper und Flügel bemalen.

3 In den Kragen und in die Standfläche des Kleides senkrecht ein Loch von 4 mm Durchmesser für die Dübel bohren, ebenfalls in den Sockel. Dübel einstecken. Körper und Sockel verbinden.

4 Die Metallfasern bündeln und mit Draht zusammenbinden. Die Drahtenden durch die Bohrung der Kugel führen und um den Dübel wickeln. Kopf aufstecken und mit Leim fixieren.

Engel und Sterne

Material

Für einen Engel

- Sperrholz, 10 mm (Stellfläche, Körper)
- Sperrholz, 6 mm (Ärmel und Hände, Flügel)
- Holzkugel, 40 mm Ø
- 2 Holzdübel, 4 mm Ø
- Wickeldraht in Schwarz, 0,65 mm Ø
- 2 Metallglöckchen, 11 mm
- Metallfasern in Gold
- Acrylfarben in Elfenbein, Beige, Krapplack oder Dunkelblau, Schwarz

Für einen Stern

- Leimholz, 18 mm
- Votivgläser
- Teelichter
- Lärchengirlande
- Bouillondraht in Gold
- Bast in Natur
- Anissterne
- Arcylfarben in Elfenbein, Gold, Krapplack
- Krakelierlack

Vorlagen
A1 – A2

Anleitung Seite 5

Nikolaus mit Kerzen

Material

- Sperrholz, 10 mm (Körper)
- Sperrholz, 6 mm (Schnurrbart, Tanne)
- 3 Holzdübel, 4 mm Ø
- 2 Holzknöpfe, 15 mm Ø
- 2 Kerzenhalter für Fensterbäume
- Rest von Karostoff
- Kokosfasern
- 1 Holzperle in Natur, 6 mm Ø
- Acrylfarben in Weiß, Beige, Krapplack, Dunkelgrün, Schwarz

Vorlage B

Tipps:

Holzperle halbieren: Eine Spitze des kleinen Seitenschneiders in die Bohrung der Holzperle stecken und das Werkzeug zusammendrücken. Meist splittert das Holz schon bei geringem Druck.

Wem das Dübeln der Figur auf die Bodenplatte zu kompliziert ist, fixiert die Holzteile nach dem Verleimen mit dünnen Drahtstiften.

1. Den Nikolaus von der Vorlage auf Holz übertragen und aussägen.

2. Löcher für die Dübel in die Arme, in die Bodenplatte und in den Mantel bohren.

3. Nikolaus, Bodenplatte und Kerzenhalter der Abbildung entsprechend farbig ausgestalten. Holzperle mit dem Seitenscheider halbieren und als Nase aufleimen. Schnurrbart anbringen.

4. Die Kerzenhalter an die Arme dübeln. Körper und Stellfläche mit Dübeln verbinden und aufeinander leimen.

5. Kokosfasern, Knöpfe, Stoffherz und Tannenbaum aufleimen.

Lebkuchenherzen

Abbildung & Materialangaben Seite 10/11

1. Herz und Lebkuchenfigur von der Vorlage auf Holz übertragen und aussägen. Löcher für die Aufhängung bohren.

2. Die Holzteile der Abbildung entsprechend bemalen. Lebkuchenfigur, Kokosfasern und kleines Herz aufleimen.

3. Draht um einen runden Stift oder einen Pinselstiel spiralenförmig wickeln und als Aufhängung anbringen. Kleine Stoffschleifen an den Draht binden.

Lebkuchen-
herzen

Material

- Sperrholz, 10 mm (großes Herz)
- Sperrholz, 6 mm (kleines Herz, Figur)
- Wickeldraht in Grün, 0,65 mm Ø
- Rest von Karostoff
- Kokosfasern
- Je 2 Knöpfe in Rot, Perlmutt, 5 mm Ø
- Acrylfarben in Weiß, Elfenbein, Krapplack, Siena gebrannt, Schwarz

Vorlage C

Anleitung Seite 8

Musikalischer Schneemann

Material

- Sperrholz, 8 mm (Körper)
- Sperrholz, 4 mm (Hut, Nase, Schild, Stern, Ärmelbesätze)
- Holzkugel, 40 mm Ø
- Rest von Karostoff
- Wickeldraht in Grün, 0,65 mm Ø
- Klangspiel
- Nylondraht
- Messing-Ringschraube, 8 x 3 mm
- Acrylfarben in Weiß, Orange, Rot, Dunkelgrün, Schwarz

Vorlage D

1. Den Schneemann von der Vorlage auf Holz übertragen und aussägen.

2. Die Figur auf beiden Seiten bemalen und die Gesichter verschieden ausarbeiten (s. beide Abbildungen).

3. Ringschraube für den Aufhängefaden mittig in den Kopf schrauben. Handschuhe, Schal und Hutbordüre aus Stoff ausschneiden und aufkleben. Die Teile aufeinander leimen.

4. Löcher für die Aufhängung der Schneekugel in die Hände bohren. Die Schneekugel mit Draht befestigen und die Klangstäbe mit Nylondraht festbinden.

Weihnachtsmänner

Abbildung & Materialangaben Seite 14/15

1. Alle Motivteile von der Vorlage auf Holz übertragen und aussägen.

2. Beim sitzenden Weihnachtsmann die Knieform an die Rückseite der Beine und beides auf den Körper kleben. Kanten mit Schmirgelpapier abrunden.

3. Die Weihnachtsmänner bemalen. Holzperle halbieren und als Nase aufkleben. Schnurrbart fixieren.

4. Löcher für die Ringschrauben vorstechen, Schrauben eindrehen. Jeweils einen Ring aufbiegen, die andere Ringschraube einhaken und den Ring schließen. Sack anbringen.

WINTER

Weihnachts-
männer

Material

- Sperrholz, 10 mm (Körper)
- Sperrholz, 6 mm (Schnurrbart, Ärmel, Stiefel, Sack)
- Holzperle in Rot, 8 mm Ø
- Holzstreuteile „Lebkuchen"
- Buchsbaumgirlande mit Beeren
- Messing-Ringschrauben, 8 x 3 mm
- Acrylfarben in Weiß, Beige, Rot, Siena gebrannt, Schwarz

Vorlagen
E1 – E2

Anleitung Seite 12

Material

- Sperrholz, 4 mm
- Cederranke
- Glöckchen in Gold, 15 mm
- Dünne Goldkordel
- Acrylfarben in Gold, Krapplack, Dunkelgrün

Vorlage F

1 Herz, Stern und Tannenbaum vom Vorlagebogen beliebig oft auf Holz übertragen und aussägen. Die Kanten leicht abrunden. Löcher für die Aufhängung bohren.

2 Die Motive bemalen. Die Kanten der Herzen und Tannen mit Gold betonen.

3 Aus der Cederranke einen kleinen Kranz von 5 cm Durchmesser formen. Die Ranke noch in zwei weiteren Runden um den ersten Ring legen.

4 Die Motive miteinander verbinden, dabei an jeden Kranz ein Glöckchen mit Goldkordel anknüpfen.

Schneemänner

Abbildung & Materialangaben Seite 18/19

1 Alle Motivteile von der Vorlage auf Holz übertragen und aussägen.

2 Die Knieform an die Rückseite der Beine und beides auf den Körper kleben. Kanten mit Schmirgelpapier abrunden.

3 Schneemänner weiß grundieren. Mützen, Mund und Augen aufmalen. Die Nase orange bemalen und fixieren.

4 Holzperlen mit dem Seitenschneider halbieren und als Knöpfe aufleimen. Schal aus Stoff umbinden. Vögel auf die Arme setzen.

Schnee-männer

Material

Für jede Figur

- Sperrholz, 10 mm (Körper)
- Sperrholz, 6 mm (Nase)
- Holzperlen
- Stoffreste
- Kleine Deko-Vögel
- Acrylfarben in Weiß, Orange, Rot, Blau, Grün, Schwarz

Anleitung Seite 16

Vorlagen
G1 – G3

Großer Engel

1 Körper und Flügel des Engels und das Herz von der Vorlage übertragen und aussägen. Die markierten Bohrungen ausführen.

2 Den Engel grundieren und bemalen. Arme und Körper mit Aludraht verbinden.

3 Die Konsole für das Windlicht von der Rückseite her anschrauben. Die Flügel aufleimen.

4 Auf dem Sockel aus Massivholz längs die Mittellinie anzeichnen. Darauf in gleichmäßigen Abständen drei Punkte markieren und senkrecht in Dübelstärke bohren. Entsprechende Löcher in die Unterseite des Engels bohren. Dübel einstecken. Körper und Stellfläche aufeinander leimen.

5 Einen Kranz aus der Buchsbaumgirlande formen, das Herz mit Draht befestigen und beides an den Händen des Engels anbringen.

6 Wollfäden unterschiedlich lang zuschneiden, bündeln, in der Mitte abbinden und als Haare fixieren.

Fundsachen

Material

- Sperrholz, 6 mm
- Wickeldraht in Grün, 0,65 mm Ø
- Acrylfarben in Weiß, Beige, Rot, Dunkelgrün, Blau, Dunkelblau

Vorlage I

1 Alle Teile von der Vorlage auf Holz übertragen und aussägen. Die markierten Bohrungen ausführen.

2 Die einzelnen Motive der Abbildung entsprechend farbig ausgestalten und mit Draht verbinden.

Engeltrio

Abbildung & Materialangaben Seite 24/25

1 Alle Motivteile von der Vorlage auf Holz übertragen und aussägen. Die markierten Bohrungen ausführen.

2 Kopf und Hände beige grundieren und das Gesicht aufmalen. Kleid, Ärmel, Stern oder Herz der Abbildung entsprechend bemalen. Eventuell mit Krakeliertechnik gestalten: mit Gold grundieren, nach dem Trocknen Krakelierlack auftragen und den Herstellerangaben entsprechend trocknen lassen. Anschließend mit der zweiten Farbe, z. B. Rot, überstreichen. Die Flügel mit Gold bemalen.

3 Draht für die Beine an einem Ende knapp umbiegen, ins Bohrloch stecken und mit Klebstoff fixieren. Halbkugeln als Füße befestigen. Arme und Körper mit Draht verbinden, die Drahtenden schneckenförmig eng eindrehen. Herz oder Stern mit Draht an den Händen anbringen.

4 Flügel aufleimen. Wolle bündeln, in der Mitte abbinden und als Haare fixieren.

5 Für die Aufhängung Draht um einen runden Stift spiralenförmig wickeln und an den Flügelspitzen befestigen.

Engeltrio

Material

- Sperrholz, 8 mm (Körper, Arme, Flügel)
- Sperrholz, 4 mm (Stern, Herz)
- Je 2 Holzhalbkugeln in Natur, 14 x 7 mm
- Wickeldraht in Schwarz, 0,65 mm Ø
- Wolle in Gelb
- Acrylfarben in Elfenbein, Beige, Gold, Krapplack, Dunkelgrün, Schwarz
- Krakelierlack

Vorlage J

Anleitung Seite 22

Freunde

Schneemann

1 Körper, Nase, Stiefel und halbrunde Sitzfläche nach der Vorlage aus Holz aussägen. Beine, Schal und Herz aus Filz schneiden. Den Schal mit der Zierrandschere nachschneiden. Bohrungen ausführen und die Sitzfläche im rechten Winkel an der Rückseite des Körpers anleimen.

2 Die Teile bemalen. Den Hut dunkelblau grundieren, mit Krakelierlack behandeln und trocknen lassen. Blau mit etwas Weiß mischen und den Hut überstreichen.

3 Die Arme mit Draht befestigen und die Drahtenden schneckenförmig aufrollen. Für die Beine den Filz überlappend zusammenkleben, Holzstiefel einlegen, Bordüren fixieren.

Nikolaus

1 Körper, Arme und Stiefel aus Holz aussägen, Beine und Bordüren aus Filz schneiden. Bohrungen ausführen. Die Sitzfläche rechtwinklig an der Körperrückseite anleimen.

2 Mütze und Mantel rot, Bart und Pelzbesätze weiß bemalen. Die Handschuhe blau, die Stiefel schwarz färben. Die rote Fläche mit Krakelierlack bestreichen und nach dem Trocknen mit Krapplack übermalen.

3 Schnurrbart aus Watte formen und in der Mitte mit Nähfaden abbinden. Holzperle mit dem Seitenschneider halbieren, mit dem Bart fixieren. Pompon an die Mütze kleben.

4 Die Arme mit Draht befestigen und die Drahtenden aufrollen. Beine aus Filz zusammenkleben, Stiefel aus Holz einlegen. Bordüren anbringen. Kokosfasern durch die Löcher der Knöpfe fädeln, verknoten und die Knöpfe aufkleben.

Lustige Elche

Material

- Sperrholz, 10 mm (Körper, Geweih)
- Sperrholz, 6 mm (Kopf, Handschuhe, Stiefel, Tanne, Glocke)
- Holzperle in Rot, 12 mm Ø
- Wickeldraht in Grün, 0,65 mm Ø
- Rest von Karostoff
- Acrylfarben in Beige, Rehbraun, Dunkelgrün, Schwarz

Vorlage L

1 Alle Teile von der Vorlage auf Holz übertragen und aussägen. Die Bohrungen ausführen.

2 Köpfe und Körper mit einer Mischung aus Beige und Braun grundieren. Mit dem Pinsel braune Farbe aufnehmen, fast vollständig wieder abstreifen und mit dem Rest die Körper betupfen. Handschuhe, Stiefel und Geweih braun bemalen, die Ränder beige betonen. Gesichter aufmalen. Holzperle mit dem Seitenschneider halbieren, die Hälften als Nasen fixieren.

3 Für Arme und Beine Draht über einen Stift spiralenförmig wickeln. Handschuhe und Stiefel mit den Drahtspiralen an den Körpern befestigen. Die Geweihe an die Kopfrückseiten und die Köpfe auf die Körper leimen. Schals umbinden. Glocke und Tanne ausgestalten und aufleimen.

Lichterwald

Abbildung & Materialangaben Seite 30/31

1 Alle Teile von der Vorlage auf Holz übertragen und aussägen. Bohrungen ausführen. Eine 10 cm breite Bodenplatte in Länge des Waldmotivs anfertigen. Für die Seiten zwei 9 cm lange Leistenstücke zusägen (so bleibt noch 1 cm Platz für das Kabel der Lichterkette).

2 Bodenplatte und Holzleisten zwischen die Motivseiten leimen. Die Motivseiten zusätzlich mit je drei kleinen Nägeln an der Bodenplatte fixieren.

3 Den Wald weiß grundieren, mit Strukturschnee, Glimmer und Sternen ausschmücken. Elche und Schlitten zusammenbauen und farbig gestalten.

Lichterwald

Material

- Sperrholz, 10 mm (Körper der Elche)
- Sperrholz, 6 mm (Wald, Geweih, Schlitten)
- Holzleiste, 4 x 22 mm
- Strukturschnee
- Glimmer
- Metallsterne in Gold
- Lichterkette in Weiß
- Kleine Nägel
- Acrylfarben in Weiß, Gold, Rehbraun, Dunkelgrün

Vorlagen
M1 – M3

Anleitung Seite 28

Die Birnchen der Lichterkette in die Löcher der vorderen Motivseite stecken.

Impressum

© 2003
Christophorus Verlag GmbH
Freiburg im Breisgau
Alle Rechte vorbehalten –
Printed in Germany
ISBN 3-419-56526-7

Lektorat und Produktion:
Elke Fox, Freiburg

Styling und Fotos:
Christoph Schmotz, Freiburg

Layoutentwurf:
Network!, München

Coverrealisierung:
Carsten Schorn, Merzhausen

Druck:
Freiburger Graphische Betriebe

Wir sind für Sie da, wenn
Sie Fragen haben.
Und wir interessieren uns
für Ihre eigenen Ideen und
Anregungen.
Schreiben Sie uns, wir hören
gern von Ihnen!
Ihr Christophorus-Team

Christophorus-Verlag GmbH
Hermann-Herder-Str. 4
79104 Freiburg

Tel.: 0761/2717-0
Fax: 0761/2717-352

e-mail:
info@christophorus-verlag.de
www.christophorus-verlag.de

Weitere Titel aus dieser Reihe

3-419-56409-0

3-419-56408-2

3-419-56407-4

3-419-56406-6

3-419-56270-5

3-419-56271-3